BEI GRIN MACHT SICH IHR WISSEN BEZAHLT

- Wir veröffentlichen Ihre Hausarbeit, Bachelor- und Masterarbeit

- Ihr eigenes eBook und Buch - weltweit in allen wichtigen Shops

- Verdienen Sie an jedem Verkauf

Jetzt bei www.GRIN.com hochladen und kostenlos publizieren

Bibliografische Information der Deutschen Nationalbibliothek:

Die Deutsche Bibliothek verzeichnet diese Publikation in der Deutschen National-bibliografie; detaillierte bibliografische Daten sind im Internet über http://dnb.d-nb.de/ abrufbar.

Impressum:

Copyright © 2011 GRIN Verlag, Open Publishing GmbH
Druck und Bindung: Books on Demand GmbH, Norderstedt Germany
ISBN: 9783668317406

Dieses Buch bei GRIN:

http://www.grin.com/de/e-book/323604/erstellung-eines-jahresmarketingplanes-fuer-ein-unternehmen-der-gesundheitsbranche

Leonie Gath

Erstellung eines Jahresmarketingplanes für ein Unternehmen der Gesundheitsbranche mit der Zielgruppe übergewichtige Frauen

GRIN Verlag

GRIN - Your knowledge has value

Der GRIN Verlag publiziert seit 1998 wissenschaftliche Arbeiten von Studenten, Hochschullehrern und anderen Akademikern als eBook und gedrucktes Buch. Die Verlagswebsite www.grin.com ist die ideale Plattform zur Veröffentlichung von Hausarbeiten, Abschlussarbeiten, wissenschaftlichen Aufsätzen, Dissertationen und Fachbüchern.

Besuchen Sie uns im Internet:

http://www.grin.com/

http://www.facebook.com/grincom

http://www.twitter.com/grin_com

Deutsche Hochschule für

Prävention und Gesundheitsmanagement

Hermann Neuberger Sportschule 3

66123 Saarbrücken

<u>Bitte ankreuzen:</u>

_x_ Hausarbeit

__ Skript

Fachmodul: Marketing I

Studiengang: BFÖ

Version Studienbrief*: April 2010, v3.0

<small>(*Datum des Vorwortes, Versionsnummer in Fußzeile des Studienbriefes)</small>

Studienort: **Frankfurt/Kelsterbach**

Semester: **WS 09**

Gruppe**:   **3**

<small>(**nur auszufüllen bei Hausarbeiten als kollektive Gruppenarbeit)</small>

Thema: **Erstellung eines Jahresmarketingplanes für ein**

                 Unternehmen der Gesundheitsbranche.

Inhaltsverzeichnis

1 ...Beschreibung der Ist- Situation

1.1 ...Lage und Standort des Unternehmens

Das Fitnessstudio für Frauen, „Big Mama", befindet sich in der Lebacher Straße 102 , in Saarbrücken - Malstatt. Mit seinen ca. 28.000 Einwohnern, ist es der nordwestlich an die Innenstadt anschließende Stadtteil Saarbrückens, der Landeshauptstadt des Saarlandes. Saarbrücken selbst gliedert sich in vier Stadtbezirke mit insgesamt 20 Stadtteilen. Das „Big Mama" liegt im Bezirk Saarbrücken – Mitte, direkt an einer verkehrsreichen Hauptstraße. Im Gegensatz zu den angrenzenden Ortsteilen Rastpfuhl, Rußhütte und Rodenhof, wo sich eher Wohnsiedlungen befinden, ist Malstatt reich an Geschäften, Schulen und städtischer Infrastruktur. Des Weiteren gibt es mehrere Buslinien, die Malstatt aus allen Richtungen anfahren. In unmittelbarer Nähe des „Big Mama" befindet sich eine Bushaltestelle, der „Cottburger Platz" , die durch wenige Gehminuten zu erreichen ist.

Der Hauptbahnhof von Saarbrücken, sowie der Bahnhof von Saarbrücken – Burbach sind durch ca. acht Minuten mit dem Auto, als auch mit Bahn – und Busverbindungen zu erreichen.

Ausreichende Parkmöglichkeiten gibt es auf dem Gelände von Big Mama sowie auf der Lebacher Straße.

1.2 ...Unternehmensgröße und Flächenverteilung

Der gesamte Betrieb umfasst 660m². Diese sind unterteilt in:

- 400m² Trainingsfläche
- 50m² Umkleidekabine mit 5 Duschen
- 10m² WC- Bereiche (2)
- 60m² Kursraum
- 30m² Kinderbetreuung
- 50m² Rezeption, Bistro und Aufenthaltsbereich
- 20m² Raum für Ernährungsberatung, Eingangsgespräche und Messungen
- 20m² Personalraum mit Küche
- 20m² Lagerraum

1.3 ...Erläuterung der Begriffe „Positionierung" und „Zielgruppe"

„Positionierung":

Unter dem Begriff „Positionierung" werden „alle Maßnahmen um für ein Produkt, eine Dienstleistung oder ein Unternehmen eine bestimmte Wahrnehmung und Einstellung seitens der Konsumenten zu erreichen(...)" verstanden.[1]

„Zielgruppe":

„Zielgruppen sind Gruppen von Personen, die mindestens ein gemeinsames/gleiches Merkmal aufweisen. An Zielgruppen richtet sich die Werbung oder ein anderes Mittel der Kommunikationspolitik eines Unternehmens."[2]

1.4 ...Angebote und Positionierung des Unternehmens

Das Angebot des Unternehmens ist speziell auf die ansässigen Frauen, die die im Folgenden beschriebene Zielgruppe darstellen, abgestimmt. Wie der Name „Big Mama" bereits verrät, bieten wir alles, was übergewichtige Mütter, aber auch kinderlose Frauen für eine bessere Lebensqualität, brauchen. Konkret beinhaltet unser Angebot eine permanente Betreuung von qualifizierten Trainern, die während der gesamten Öffnungszeiten anwesend sind. Vor Trainingsbeginn führen diese verschiedene Tests und Messungen durch, um den aktuellen Trainingszustand der Kundinnen zu ermitteln. Basierend auf den daraus resultierenden Ergebnissen werden deren individuelle Trainingsziele konkretisiert und ein individueller Trainingsplan erstellt. Von einem einzelnen Trainingskonzept für alle Kundinnen wurde bewusst Abstand genommen, da wir besonderen Wert auf Individualität legen. Zum Erreichen der Trainingsziele gehört jedoch nicht nur der Trainingsplan, sondern auch die entsprechende Ernährung. Aufgrund dessen bekommt jede Kundin ebenfalls einen individuellen Ernährungsplan, der auf den jeweiligen Trainingsplan und den Alltag der Kundin abgestimmt ist.

Die Schwierigkeit, diesen einzuhalten, regelmäßig zu trainieren und vor allem während der Anfangsphase „durchzuhalten" ist uns bewusst. Deshalb bieten wir

---

[1] vgl. Studienbrief Marketing I, Glossar, S. 224
[2] vgl. Studienbrief Marketing I, Kapitel 1.4, S.19

zweimal pro Woche einen „Motivationskurs" an, bei welchem sich die Frauen über Erfahrungen und Schwierigkeiten, aber auch Rezepte austauschen, sich gegenseitig motivieren und zum gemeinsamen Training verabreden können und dabei weitere Tipps von unseren Trainern erhalten.

Die Motivation, vor allem bei Übergewichtigen, ein Kardiogerät effektiv zu nutzen, ist erfahrungsgemäß nicht besonders hoch, sodass wir uns gegen teure Kardiogeräte entschieden haben und das Ausdauerangebot in diversen Kursen, wie Aerobic, Bauch-Beine-Po, und Ähnlichem, sowie einem Lauftreff, welcher dreimal pro Woche stattfindet, zunächst zu stemmen versuchen.

Des Weiteren bieten wir während der Öffnungszeiten eine Kinderbetreuung von fachkundigem Personal an, sodass Mütter ungestört trainieren können. Nach dem Training bietet sich die Möglichkeit in unserem Bistro und Aufenthaltsbereich Gespräche mit anderen Mitgliedern zu führen und dabei einen Snack oder Drink zu sich zu nehmen.

1.5 …Zielgruppen des Unternehmens

Das „Big Mama" ist ein Frauen-Fitnessstudio, das sich vor allem, wie der Name schon sagt, auf übergewichtige Mütter spezialisiert, beziehungsweise auf Mütter, die die, durch die Schwangerschaft bedingten zugenommenen Pfunde, wieder abnehmen möchten. Allgemein soll die breite Masse der ansässigen Frauen angesprochen werden, welche sich in ihrem Körper unwohl fühlen und aus verschiedenen Gründen nicht bei den Mitbewerbern trainieren kann oder möchte. Dazu zählen ebenfalls Migrantinnen, denen es aufgrund ihrer Religion nicht möglich ist, in einem gemischten Fitnessstudio zu trainieren. Unsere Mitgliedsbeiträge sind so gewählt, dass auch sozial schwächer gestellte Frauen die Chance haben bei uns zu trainieren.

1.6 …Erläuterung der Bedeutung von Zielgruppen für den Unternehmenserfolg

Das Hauptziel des Unternehmens ist die Aufrechterhaltung der Liquidität und die Maximierung des Gewinnes. Dies geschieht durch die Beiträge der Kunden. Für den Aufbau eines Kundenstammes, dessen Erhaltung und Erweiterung, sorgt zunächst das Marketing. Dieses muss das Angebot für den Kunden attraktiv erscheinen lassen und ein Mangelgefühl in ihm wecken, sodass über den Weg der Entstehung eines Bedürfnisses, welches sich zu einem Bedarf entwickelt, schließlich eine Nachfrage entsteht, die optimaler Weise mit dem Abschluss einer Mitgliedschaft im „Big Mama" endet. Damit das Marketing allerdings ein Mangelgefühl bei der potenziellen Kundin auslöst, ist es wichtig, ihre Bedürfnisse besser zu kennen, als sie selbst. Das Problem mit der eigenen Figur, das Problem der knapp bemessenen Zeit aufgrund des Kindes, welches sie am Sport hindert und das Problem, sich in den üblichen „Muckibuden" für die eigene Figur schämen zu müssen, die Lösung genau dieser Probleme bieten wir an. Genau diese Frauen gehören zu unserer Zielgruppe. Sie sind es, welche sich selbst glücklicher und uns erfolgreich machen. Aus diesem Grund ist die genaue Definition der Zielgruppe für den Unternehmenserfolg von enormer Bedeutung, besser gesagt: die Basis des Erfolges. Das Erreichen der Zielgruppe entscheidet somit über „Top" oder „Flop".

2 ...Marktbeschreibung

2.1 ...Allgemeine Erläuterung der branchenüblichen Vorgehensweise zur Bestimmung von zwei Marktgebieten

Die branchenübliche Vorgehensweise zur Bestimmung von zwei Marktgebieten ist die Zeit-Distanz-Methode.

Hierbei wird die Anfahrtszeit (in Min.) des Kunden mit dem PKW zur Hauptverkehrszeit aus allen vier Himmelsrichtungen gemessen. Die Einteilung in verschiedene Marktgebiete erfolgt ausschließlich durch die Variation, beziehungsweise durch die Erweiterung der Anfahrtszeit. Des Weiteren müssen natürliche Grenzen, wie Orts- und Stadtteile, sowie imaginäre Grenzen, wie Flüsse und Berge, bei der Einteilung beachtet werden.

2.2 ...Bestimmung von zwei Marktgebieten und Darstellung in einer Karte

[Das Marktgebiet wurde mit Karten von Google Maps erstellt, die aus urheberrechtlichen Gründen für die Veröffentlichung entfernt wurden.]

2.3 ...Grundlegende Daten und Informationen zu den betreffenden Marktgebieten

2.3.1 ...Marktgebiet 1

Tab.1:Kennzahlen im Marktgebiet 1

		Malstatt	Rußhütte	Rodenhof	Saarbrü-cken	Summe
Einwohnerzahl	Frauen	2758	1204	3419	1231	55515
	Männer	2758	1202	2999	1342	51970
	Insgesamt	5551	2406	6418	2573	16948
Kaufkraft (Stand 2006):		89,6				Saarbrücken Mitte 91,4
Alterstruktur	0 - 5 Jahre	414	120	220	94	
	6- 17 Jahre	647	293	534	190	
	18 – 59 Jahre	3496	1440	3637	2011	
	< 60 Jahre	994	553	2027	278	
Haushalte		3128	1265	3759	1775	9927
ALQ in %		13,8	11,7	7,8	7,7	Ø 10,25

2.3.2   ...Marktgebiet 2

Tab.2: Kennzahlen im Marktgbebiet 2

		Bur-bach	Jägers-freude	Alten-kessel	Gers-weiler	Alt- Saar-brücken	Schafsbrü-cke
Einwohnerzahl	Frauen	7200	1004	2095	3400	9769	1481
	Männer	7171	977	3589	3091	9219	1463
	Insgesamt	14371	1981	5684	6491	18988	2944
Alterstruktur	Kaufkraft (Stand 2006)	90,6	113,2	95, 2	97,2	90,9	94,1
	0 – 5 Jahre	965	82	243	245	931	129
	6-17 Jahre	1851	231	656	576	1850	276
	18-59 Jahre	8313	1112	3182	3097	11647	1750
	< 60 Jahre	3242	556	1603	2460	4560	789
	Haushalte	7453	979	2709	3045	11088	1598
	ALQ in %	17,3	9,5	8,0	6,9	9,8	7,5

		Eschberg	St. Johann	Summe
Einwohnerzahl	Frauen	3493	15860	44302
	Männer	2894	15117	43521
	Insgesamt	6387	30977	87823
Alterstruktur	Kaufkraft	94,1		Ø 96,2
	0 - 5 Jahre	254	1163	
	6 - 17 Jahre	576	2167	
	18 - 59 Jah-	3097	21261	
	< 60 Jahre	2460	6386	
	Haushalte	3609	20107	50588
	ALQ in %	7,4	6,5	Ø 9,1

2.4 ...Beurteilung der vorab ermittelten Kennzahlen in Bezug auf den Landes – und Bundesdurchschnitt dieser Zahlen sowie grobe Einschätzung der wirtschaftlichen Situation in den Marktgebieten

Beurteilt man die vorab ermittelten Kennzahlen in Bezug auf den Bundesdurchschnitt so ist erkennbar, dass die Kaufkraft, in den beiden Marktgebieten mit durchschnittlich 93,8 unter dem Bundesdurchschnitt und Maßstab von 100 liegt.

Der Landesdurchschnitt des Saarlandes liegt in etwa gleich mit der von uns ermittelten Kennzahl. In den verschiedenen Stadtteilen Saarbrückens lassen sich jedoch teilweise erhebliche Schwankungen feststellen, sodass die Kaufkraft von ganz Saarbrücken mit 96,2 etwas höher liegt, als die im Einzugsgebiet des Unternehmens „Big Mama".

Der Arbeitslosendurchschnitt der beiden Marktgebiete, liegt ebenso deutlich weit über dem Bundesdurchschnitt von derzeit 7,9% und auch über dem Landesdurchschnitt von 7,5%.

Die Altersstruktur gibt Aufschluss gibt, dass die Bevölkerungsdichte der 18-59 Jährigen am Höchsten ist. Diese Altersgruppe entspricht in etwa der Zielgruppe, die das „Big Mama" mit seinem Konzept ansprechen möchte. Auch in Gesamtdeutschland sind über 50% der Bevölkerung zwischen 18 und 60 Jahren alt.

Zusammenfassend ist festzuhalten, dass die wirtschaftliche Situation in Malstatt und auch generell in den Markgebieten verbesserungsbedürftig ist, da ein unterdurchschnittliches Kaufverhalten herrscht und der Ausländeranteil mit über 15% außergewöhnlich hoch ist, ebenso wie die Arbeitslosenquote.

2.5 ...Mitbewerberanalyse

Kieser Training, Saarbrücken (Entfernung: 4km, 7 Min. mit dem Pkw)

Stärken:

- Ärztliche Trainingsberatung
- Hoher Bekanntheitsgrad
- Viele Betriebe durch Franchise-System
- Gute Parkplatzsituation
- Gute Verkehrsanbindung
- Hochwertige Maschinen aufgrund eigener Forschungsabteilung

Schwächen:

- Keine Kinderbetreuung
- Einheitliches Trainingskonzept
- Keine Kurse
- Keine Ernährungsberatung

Zielgruppe:

Personen mit Rückenschmerzen

Day – Night – Sports, Saarbrücken (Entfernung: 4km, 8min mit dem Pkw)

Stärken:

- Breites Kursangebot
- Niedrigpreissegment
- Großer Gerätepark mit Kardiogeräten
- 24h geöffnet
- Gute Verkehrsanbindung

Schwächen:

- Parkplätze oft überfüllt, vor allem in den Stoßzeiten zwischen 17 und 20Uhr
- Keine permanente Trainingsbetreuung
- Keine Ernährungsberatung
- Keine Kinderbetreuung

Zielgruppe:

Junge Erwachsene mit Trainingserfahrung ohne bzw. mit geringen gesundheitliche/n Einschränkungen

Fitnessloft, Saarbrücken (Entfernung: 8,37km, 13min mit dem Pkw)

Stärken:

- Individuelle Trainingsplanung
- Ernährungsberatung
- Durchgehende Betreuung
- Großer und moderner Gerätepark mit Kardiogeräten
- Breites Kursangebot
- Moderne Trainingsmethoden wie Powerplate
- Bis 23 Uhr geöffnet

Schwächen:

- Keine Kinderbetreuung
- Höheres Preissegment
- Parken nebenan nur gegen Gebühr möglich, sonst langer Fußweg
- Nicht sehr bekannt, da das Studio keinem Franchise- System angehört

Zielgruppe:
Anfänger und Fortgeschrittene bis hin zu Leistungstrainierenden mittleren Alters

Rapid Sportstudio, Saarbrücken (Entfernung: 3,63km, 7min mit dem Pkw)

Stärken:

- Gute Parkmöglichkeiten direkt am Eingang
- Es werden Indoor sowie Outdoor Aktivitäten angeboten
- Kinderbetreuung und Kindertraining
- Breites Kursangebot
- Ernährungsberatung
- Kletterwand

- Medizinische Trainingstherapie

- Morgens schon ab 8 Uhr geöffnet

Schwächen:

- Nicht sehr bekannt, da das Studio keinem Franchise – System angehört

- Höheres Preissegment

Zielgruppe:

Familien sowie Freizeit und Breitensportler

2.6 ...Stärke-Schwächen Analyse des eigenen Unternehmens und Bezugnahme zu den analysierten Mitbewerbern

Big Mama

Stärken:

- Breites Kursangebot

- Reines Frauenstudio, dadurch gute Integration von Migrantinnen

- Individuelle und permanente Trainingsbetreuung

- Ernährungsberatung speziell abgestimmt auf Training und Alltag

- Niedriges bis mittleres Preissegment

- Angenehme Atmosphäre durch gemütliche Raumgestaltung

- Kinderbetreuung

- Wöchentliche Motivationstreffs und Erfahrungsaustausch

- Kostenlose Parkplätze

Schwächen:

- Keine Sauna

- Keine Kardiogeräte

- Keine durchgehenden Öffnungszeiten

- Keine medizinische Trainingsbetreuung

Analysiert man die Mitbewerber so fällt auf, dass keines der anderen Studios dieselbe Zielgruppe hat, wie unser Unternehmen. Das Angebot der Konkurrenz ist meist sehr breit, dafür aber wenig spezialisiert. Außer bei Kieser Training, das den Trainingsschwerpunkt auf die Schmerzlinderung von Rückenpatienten legt. Sowohl Kieser Training, als auch Day-Night-Sports gehören einem Franchise-System an und haben deshalb bereits einen höheren Bekanntheitsgrad, als das Rapid Sportstudio, das Fitnessloft und unser Betrieb, Big Mama. Alle vier aufgeführten Mitbewerber liegen zentral in Saarbrücken und sind mit öffentlichen Verkehrsmitteln ähnlich gut erreichbar wie wir. Die Parkplätze des Rapid Sportstudios sind befinden sich direkt vor dessen Eingang. Auch Kieser Training bietet ausreichend Parkplätze mit maximaler Entfernung von 50m aufgrund der direkten Lage in einem Gewerbegebiet, an, die des Fitnesslofts sind kostenpflichtig, die von Day-Night-Sports sind vor allem während der Stoßzeiten oft überfüllt. Unser Studio weist hingegen genügend kostenlose Parkmöglichkeiten auf, auch zu den Stoßzeiten. Die Trainingsbetreuung wird bei Kieser Training und beim Rapid Sportstusio durch medizinische Maßnahmen unterstützt, wodurch diese Unternehmen eine zusätzliche Professionalität ausstrahlen. Big Mama hat dagegen den Vorteil, dass der Trainingsplan und die Ernährung aufeinander abgestimmt sind und so auch die Kinder der Mitglieder einen Einblick in ein gesundes Ernährungsverhalten bekommen. Mit unserem speziell abgestimmten Gruppentrainingsangebot können wir nicht punkten, da drei unserer Mitbewerber ebenfalls ein vielfältiges Kursprogramm anbieten.

Fazit: Unser Angebot hebt sich von dem von Day-Night-Sports und Kieser Training deutlich ab. Day-Night-Sports ist, als Niedrigpreisstudio deutlich günstiger, als wir. Bezüglich des Angebotes können wir uns mit Fitnessloft und Rapid Sportstudio messen. Da diese allerdings in einem höheren Preissegment liegen, als wir, besteht durchaus die Möglichkeit, einige ihrer Kunden für Big Mama zu gewinnen.

3 ... Saisonbestimmung und Zielformulierung

3.1 ...Herleitung der Saisonen des gewählten Unternehmenstyps mit Charakterisierung bezüglich der Stärke der Nachfrage in dieser Zeit

Tab.3: Darstellung der einzelnen Saisonen und Charakterisierung bezüglich der Stärke der Nachfrage in dieser Zeit

Saison	Monate	Chrakterisierung
Winter	Jan., Febr., März	Boom – Zeit
Frühling	April, Mai, Juni	Ruhige(re) Zeit
Sommer	Juli, August	Ruhige Zeit
Herbst	Sept., Okt., Nov.	Boom – Zeit
Weihnachten	Dezember	Ruhige Zeit

Winter:

Die Wintersaison beschreibt den Zeitraum von Anfang Januar bis Ende März. Während dieser Zeit ist die Nachfrage, verglichen mit den restlichen Saisonen, am höchsten. Der Grund dafür liegt im Jahreswechsel, welcher bei vielen mit „guten Vorsätzen" einher geht, die im neuen Jahr in die Tat umgesetzt werden sollen. Diese stehen meist in engen Zusammenhang mit einem gesünderen Lebensstil, vor allem nach der Weihnachtszeit, während der oft sehr üppig gegessen wird. Dazu gehört der Wunsch nach besserem Aussehen und mehr Wohlbefinden, das durch mehr Bewegung und gesündere Ernährung erreicht werden soll. Darauf reagiert das Marketing und „lockt" potenzielle Neukunden in die Studios. Dieses greift aufgrund der bewussten Bedürfnisse der Kunden in dieser Saisonen so effizient wie in keiner anderen.

Frühjahr:

Die Frühjahrssaison beginnt mit dem April und endet mit dem Monat Juni. Die Nachfrage geht während dieser Zeit etwas zurück, da die Außentemperaturen höher werden, sodass viele potenzielle Neukunden auf Outdoor-Sportarten, wie

Jogging, Fahrradfahren, Skaten und Ähnliches zurückgreifen. Die „guten Vorsätze" zu beginn des Jahres sind etwas in den Hintergrund gerückt. Dennoch werden zu dieser Zeit im Hinblick auf den Sommer viele Personen mit dem Wunsch nach der „perfekten Strandfigur" aktiv, sodass die Nachfrage nicht zu stark zurück geht.

Sommer:

Die Sommersaison beinhaltet die Monate Juli und August, die schwächsten Monate in Bezug auf die derzeit geringste Nachfrage des Jahres. Während des Sommers bewegen sich alle automatisch mehr und ernähren sich gesünder, da Obst und Gemüse aus regionalem Anbau erhältlich sind. Des Weiteren sind die Außentemperaturen oft so hoch, dass viele auch ohne sportliche Betätigung unter Kreislaufproblemen leiden, welche vom Sport in geschlossenen Räumen abhalten.

Herbst:

Die Herbstsaison schließt die Monate von September bis November ein. Während die Außentemperatur immer weiter sinkt, wächst der Wunsch nach Bewegung im Warmen. Das gute Gefühl der Bewegung im Sommer und auch die Strandfigur sollen so lange wie möglich beibehalten werden. Dies führt zu vermehrten Zulauf der Fitnessstudios nach der von Ausfallzeiten aufgrund von Urlaub und Hitze geprägten Sommersaison. Nicht zu unterschätzen ist hierbei auch die Gewinnung von Neukunden durch Bestandskunden, welche ihre „neuen Bekanntschaften" zur Aufnahme des Trainings motiviert haben. Im Sommer werden bekanntlich neue Freundschaften geknüpft.

Weihnachten:

Die Weihnachtssaison, der Dezember, ist geprägt von einer geringen Nachfrage, die nur etwas höher ist, als die während der Sommersaison. Der Grund dafür ist der allgemein herrschende „Weihnachtsstress", welcher auf zahlreichen Weihnachtsfeiern, Besorgungen von Geschenken, Backen von Plätzchen und weiteren „Terminen" besteht. Allerdings werden auch nicht selten im Hinblick auf die „guten Vorsätze" zum Jahreswechsel Gutscheine für Fitnessstudios verschenkt.

3.2 ...Realistische Zieldefinition anhand der allgemeinen Anforderungen an ein Ziel für das Planungsjahr und Festlegung von Teilzielen für die einzelnen Saisonen

Allgemeine Anforderungen an ein Ziel:

Ziel = Inhalt + Ausmaß + Zeit

Zielformulierung für das Planungsjahr 2011/2012:

Innerhalb eines Jahres soll ein Kundenstamm von 500 Mitglieder aufgebaut werden.

Tab.4: Zielformulierung für die einzelnen Saisonen und Monate

Monat	Aug.	Sept.	Okt.	Nov.	Dez.	Jan.	Feb.	März	Apr.	Mai	Jun.	Jul.
Netto-zugewinn	80	120	70	50	20	30	35	40	15	20	10	10
In %	16	24	14	10	4	6	7	8	3	4	2	2
Brutto-zugewinn	87	128	75	54	21	32	37	43	16	21	11	10

Es wird mit einer Fluktuation von 7% gerechnet. Das bedeutet, dass insgesamt 535 neue Mitglieder gewonnen werden müssen.

4 ...Budgetplanung für das Marketing

4.1 ...Erläuterung der folgenden Methoden zur Budgetplanung inklusive ihrer Vor – und Nachteile

4.1.1 ...Prozent-vom-Umsatz-Methode

Bei der Prozent-vom-Umsatz–Methode wird ein bestimmter Prozentsatz vom Umsatz des Vorjahres als Marketingbudget festgelegt. Die Vorteile dieser Methode sind zum Einen, dass sie einfach und schnell durchzuführen ist und zum Anderen, dass keine Detailplanungen der folgenden Aktionen festgelegt werden muss. Des Weiteren hat diese Methode einen konkreten Bezug zu den betriebswirtschaftlichen Basisdaten. Nachteilig kann bewertet werden, dass die Kausalität nicht stimmt, da das Marketing den Umsatz beeinflussen soll und nicht der Umsatz das Marketing.

4.1.2 ...Zielorientierte Methode

Bei der zielorientierten Methode werden die Marketingkosten in Abhängigkeit der Ziele festgelegt. Hierfür müssen zunächst alle Ziele detailliert geplant werden, damit die Kosten für jede einzelne Aktion berechnet und anschließend addiert werden können. Der Vorteil dieser Methode liegt in der Zukunfts- und Zielorientierung begründet. Negative Aspekte sind allerdings in der aufwändigen Planung und dem fehlenden Bezug zur aktuellen wirtschaftlichen Lage des Unternehmens zu finden.

4.1.3 ...Kombimethode

Bei der Kombi-Methode müssen zunächst die genauen Ziele festgelegt werden. Anschließend wird der Umsatz errechnet, der durchschnittlich pro Monat zu erwarten ist. Dieser wird für das entsprechende Geschäftsjahr kumuliert. Die daraus resultierende Summe entspricht dem Planumsatz für dieses Jahr. Die Berechnung des Jahresmarketingbudgets erfolgt unter Verwendung der Prozent-vom-Umsatz-Methode, deren Grundlage der Planumsatz bildet.

4.1.4 ...Marketingkosten pro Neukunde

Die Methode „Marketingkosten pro Neukunde" stützt sich auf die Marketingkosten, welche im Vorjahr durchschnittlich pro Neumitglied ausgegeben wurden.

Ausgehend von diesem Betrag wird in Abhängigkeit der Jahresziele des Unternehmens unter Einbeziehung der Fluktuation das notwendige Marketingbudget zunächst für das ganze Jahr berechnet und anschließend prozentual auf die einzelnen Saisonen verteilt.

4.2 ...Berechnung des Marketingbudgets für das kommende Jahr anhand der Kombimethode

Durchschnittlich realisierter Umsatz pro Kunde pro Monat: 30€

Marketingbudget: 5% vom Umsatz

Tab.5: Marketingbudget für das kommende Jahr - Kombimethode

	Aug.	Sept.	Okt.	Nov.	Dez.	Jan.	Feb.	März	Apr.	Mai	Jun.	Jul.
Kundenan z.	80	200	270	320	340	370	405	445	460	480	490	500
Umsa tz in €	2400	1600	8100	9600	10200	11100	12150	13350	13800	14400	14700	15000

→ Planumsatz: 126.400€

→ Marketingbudget: 6320€

4.3 ...Verteilung des Jahresmarketingbudgets auf die verschiedenen Saisonen und Monate

Tab.6: Verteilung des Jahresmarketingbudgets auf die verschiedenen Monate

	Aug.	Sept.	Okt.	Nov.	Dez.	Jan.	Feb.	März	Apr.	Mai	Jun.	Jul.
Budget in %	8	15	10	10	3	11	11	10	8	6	5	3
Budget in €	505,6	948	632	632	189.6	695,2	695,2	632	505,6	379,2	316	189,6

Tab.7: Verteilung des Jahresmarketingbudgets auf die verschiedenen Saisonen:

Saison:	Sommer	Herbst	Weihnachten	Winter	Frühling
Monate:	August Juli	September Oktober November	Dezember	Januar Februar März	April Mai Juni
Budget in %:	11	35	3	32	19
Budget in €:	695,2	2212	189,6	2022,4	1200,8

4.4 ...Erläuterung des Budgets bezüglich des saisonalen Marketings

Die von uns gewählte Budgetverteilung des saisonalen Marketings entspricht dem zyklischen Marketing. Dessen Schwerpunkt liegt auf den Boom-Zeiten und entspricht dem Kaufverhalten der Kunden. Die Kaufbereitschaft ist während dieser Zeit besonders hoch. Allerdings wurde bezüglich der Neueröffnung eine kleine Änderung vorgenommen, da üblicherweise im Winter etwas mehr, als ein Drittel und im Herbst etwas weniger als ein Drittel für das Marketing ausgegeben wird. Auch im August sind die Ausgaben etwas höher, um gut in den Vorverkauf zu starten und anschließend möglichst viele Neukunden über den Winter zu gewinnen, sodass der Sommer die Liquidität nicht gefährdet.

5 ...Werbeträgervergleich

5.1 ...Allgemeine Erläuterung der Begriffe „ Werbemittel" und „Werbeträger"

„Werbemittel"

Unter einem „Werbemittel" wird ein „sinnlich wahrnehmbares Ausdrucksmittel der Werbung, in dem die aus den Werbezielen abgeleitete Werbebotschaft gebündelt und dargestellt wird (...)" verstanden. (vgl. Studienbrief, Glossar, S. 225)

Werbemittel verkörpern also die Werbebotschaft

Beispiele: Plakat, Anzeige, Flyer, Fersehspot, Hörfunkspot

„Werbeträger"

Ein „Medium zur Übertragung der Werbebotschaft (...)" wird „Werbeträger" genannt. (vgl. Studienbrief, Glossar, S.225)

Werbeträger sind also die Medien, welche die Werbemittel an die Zielperson herantragen

Generell werden Werbeträger in 4 Hauptgruppen unterteilt:

- Printmedien (Zeitungen, Zeitschriften, Anzeigenblätter, Supplements, etc.)
- Elektronische Medien (Fernsehen, Hörfunk, Filmtheater, Onlinedienste)
- Medien der Außenwerbung (Plakatanschlagstellen, Litfastsäulen, Lichtwerbung, Verkehrsmittel)
- Medien der Direktwerbung (Werbebriefe, Kataloge, Telefon, Telefax, E-Mail)

5.2 ...Die vier zentralen Kriterien Zur Werbeträgerauswahl

Die vier zentralen Kriterien zur Werbeträgerauswahl sind:

- Die Reichweite
- Die Zielgruppe

- Der Aufmerksamkeitswert

- Die Verweildauer

Die Reichweite:

Der Werbeträger sollte das Einzugsgebiet des Unternehmens abdecken, aber nicht zu weit darüber hinaus gehen:

Im Falle, dass der Werbeträger das Einzugsgebiet des Unternehmens nicht vollständig abdeckt, können nicht alle potenziellen Neukunden erreicht werden. Da das Marketing allerdings häufig erst greift, wenn es mehrfach wahrgenommen wurde, wäre dies mit Mehrkosten verbunden, da der Teil des Einzugsgebietes, welcher nicht durch den Werbeträger abgedeckt würde, durch einen zusätzlichen Werbeträger ergänzt werden müsste.

Im Gegensatz dazu ist ein Werbeträger, welcher das Einzugsgebiet deutlich überschreitet ebenso wenig sinnvoll, da überregionale Werbung oft sehr teuer ist und die zurückzulegende Entfernung für potenzielle Neukunden häufig in keiner Relation zu der Dauer der Nutzung steht, sodass eher ein näher gelegenes Fitnesscenter bevorzugt würde. Wirtschaftlich rechnen würde sich dies ausschließlich bei Fitnessketten, welche das Charakteristikum einer hohen Präsenz in einem dem entsprechend größeren Marktgebiet aufweisen, oder bei sehr speziellen Einrichtungen, wie zum Beispiel Kurorten, für die aufgrund Ihrer Seltenheit und die längere Dauer des Aufenthaltes nicht der Anfahrtsweg im Fokus steht.

Die Zielgruppe:

Der Werbeträger soll eine möglichst breite Zielgruppe ansprechen. Dem zu Folge wäre es beispielsweise für ein Frauenfitnessstudio nicht empfehlenswert, eine Anzeige in einer Männerzeitschrift, oder auch einer Autozeitschrift zu veröffentlichen. Eine Promotion-Aktion in einer Drogerie, oder Parfümerie, wäre in diesem Fall eher zu empfehlen, um die breite Masse der Frauen anzusprechen.

Der Aufmerksamkeitswert:

Am wichtigsten für die Effektivität des Werbeträgers ist dessen Beachtung durch die Zielgruppe. Ein perfekt ausgearbeitetes und auf die Zielgruppe abgestimmtes Werbeplakat wirkt nur, wenn es so positioniert ist, dass es von dieser auch wahrgenommen wird. Damit einher geht zum einen die Höhe des Plakates, welche etwa auf Augenhöhe liegen sollte, aber auch der Ort. Dieser sollte von der Zielgruppe oft besucht werden und gut besucht sein, wie zum Beispiel, bezüglich der oben genannten Zielgruppe, der Eingang eines Einkaufszentrums, Bushaltestellen, Bahnhöfe oder Kindertagesstätten. Weniger geeignet hierfür wären Fußballplätze oder ähnliche, überwiegend männliche Domänen.

Die Verweildauer:

Ein ebenso wichtiges Kriterium für die Auswahl eines Werbeträgers ist dessen Verweildauer. Die eines Plakates ist zum Beispiel länger, als die einer Anzeige in einer Tageszeitung, da diese in der Regel durchgeblättert, oder gelesen und anschließend weggeworfen wird. Damit einher gehen die Häufigkeit der Betrachtung des Werbeträgers und die Intensität, mit welcher sich damit beschäftigt wird. Ein Plakat findet zum Beispiel am Bahnsteig Beachtung, um die Wartezeit auf den Zug zu verkürzen.

5.3 ...Vergleich fünf verschiedener Werbeträger

Tab.8: Vergleich fünf verschiedener Werbeträger

WT	Reichweite	Zielgruppe	Aufmerksam-keitswert	Verweildauer
Radiosender „Radio Salu"	Lokal und regional (gesamtes Saarland und angrenzende Regionen) Tagesreichweite: 304.000, hauptsächlich Hörer zwischen 14 und 49 Jahren. Weitester Hörerkreis: 678.000	Junge Menschen zwischen 14 und 49 Jahren, Familien und Singles. Radio erreicht auch „Werbevermeider"	Hoch, weil in jedem Haushalt ein Radio vorhanden ist. Ebenso gute Akzeptanz.	Kurze Verweildauer. Sehr kurze Reizdauer und geringe Reizintensität (nur hören).
Filmtheater „Cinestar" **Saarbrücken**	Lokal. Durchschnittliche tägliche Besucheranzahl der Cinestar Kinos: 55.000	Vielfältig, überproportional hoher Anteil an 14-49 Jährigen, somit jüngste Nutzerschaft unter den klassischen Werbeträgern. Aber: Zielgruppensteuerung durch richtige Filmwahl möglich.	Hoher Aufmerksamkeitswert und hohe Kontaktintensität, durch spezielle und ablenkungsfreie Atmosphäre.	Kurz (nur bei Kinobesuchen. Zwischen ihnen liegen oft große zeitliche Abstände).

Außenwerbung (Großflächenposter)	Fester Standpunkt, aber Lokale, regionale und überregionale Reichweite. Hier: Hauptverkehrsstraße zur Stadtmitte hin, täglich ca. 15.000 Pendler	Jüngere, höher gebildete und mobile Personen (Fußgänger, Autofahrer), hoher Anteil an Berufseinpendlern und Berufsauspendlern	Hohe Beachtung, aber je nach Plakatgestaltung unterschiedlich. Wird oft nur flüchtig wahrgenommen.	Je nach Buchungszeitraum der Anschlagstellen unterschiedlich. Wiederholte Kontaktmöglichkeit mit der Zielgruppe ist gegeben
Tageszeitung „Saarbrücker Zeitung"	Große Reichweite, sowohl lokal als auch regional. Reichweite absolut (Mio.): 1,39	Alle Schichten der Bevölkerung (Jugendliche eingeschränkt)	Hoch, da ebenso hohe Glaubwürdigkeit. Wirkung ist stark von Gestaltung und Platzierung der Anzeige innerhalb des Mediums abhängig.	Kurzlebig, da tägliche Erscheinungsweise
Postwurfsendung	Geringe Reichweite, aber gezielte Ansprache aller Haushalte eines bestimmten Gebietes.	Hier: Personen, die in naher Umgebung zum Unternehmen wohnhaft sind. Im Allgemeinen 16-99 Jährige.	Aufgrund hoher Werbeflut ist der Aufmerksamkeitswert eher gering bis mittelmäßig	Kurzlebig, auch aufgrund hoher Werbeflut.

Im Falle von Big Mama bieten sich lokale Medien an um die Streuverluste möglichst gering zu halten, da die Werbesubjekte nur in einem begrenzten Radius um das Fitnessstudio sind.

Um die Reichweite der einzelnen Werbeträger zu vergleichen muss man wissen, dass die Reichweite in 4 Bereiche unterteilt wird.

- Bruttoreichweite: eigentlich keine Reichweite, sondern lediglich die Summe der Einzelreichweiten

- Nettoreichweite: Die Anzahl der Personen mit mindestens einem Kontakt durch die verschiedenen Medien nach einer Periode

- Kumulierte Reichweite: Die Anzahl der Personen mit mindestens einem Kontakt durch ein Medium nach einer gewissen Zahl an Auflagen.

- Kombinierte Reichweite: Die Anzahl der Personen mit mindestens einem Kontakt durch die verschiedenen Medien über die gesamte Zeit.

Die kumulierte Reichweite ist bei einer lokalen Zeitung und dem Lokalradio am größten und entspricht den Lesern beziehungsweise den Höhren des Mediums.. Dagegen haben Plakatanschläge je nach Stelle eine weit geringere Reichweite. Die Reichweite von Postwurfsendungen ist gering und entspricht den angeschriebenen Personen.

Die kombinierte Reichweite eines solchen Streuplans ist im Bezug auf den relevanten Markt sehr groß.

Das Kriterium der Zielgruppe hat einen engen Bezug zur Reichweite, weil es dem Werbetreibenden keinen Nutzen verschafft eine große Reichweite zu erzielen ohne jedoch die Zielgruppe zu treffen.

Ein Unternehmen muss die Merkmale seiner potenziellen Kunden und die Merkmale der Nutzer der verschieden Medien kennen.

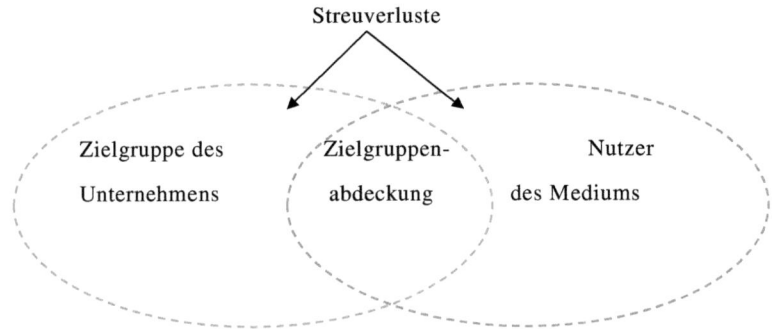

Abb.1: Grafik zu den Streuverlusten

Dabei muss das Unternehmen versuchen die Streuverluste möglichst gering und gleichzeitig die Zielgruppenabdeckung möglichst groß zu halten.

Die Zielgruppenabdeckung ist beim Lokalradio und der Lokalzeitung am geringsten, weil viele Nutzer dieser Medien nicht die Zielgruppe des Unternehmens sind. Bei der Werbung in einem Kinospot ist die Zielgruppenabdeckung je nach dem anschließend gespielten Film unterschiedlich groß. Plakatanschläge haben je nach Standort eine geringe bis mittelmäßige Zielgruppenabdeckung und Postwurfsendungen haben die höchste Zielmarktabdeckung.

Der Aufmerksamkeitswert hängt zum einen von der Gestaltung ab und zum anderen von der Menge der internen und externen Überschneidungen also den Mehrfachkontakten mit der Werbebotschaft. Da die Gestaltung nicht Gegenstand dieses Kapitels ist, wird an dieser Stelle nur auf die Überschneidungen eingegangen.

Interne Überscheidungen sind der mehrfache Kontakt eines Werbesubjekts mit der Werbebotschaft über einen Werbeträger über mehrere Auflagen. So kann man also nicht konkret sagen, welcher Werbeträger die meisten internen Überschneidungen hat, weil dies von der Dauer der Plakatwerbung, der Anzahl der Werbeschreiben und der Werbeschaltungen in Lokalradio und der Lokalzeitung abhängt.

Externe Überschneidungen sind der mehrfache Kontakt eines Werbesubjekts mit der Werbebotschaft zu einem Zeitpunkt durch die unterschiedlichen Werbeträger. Dieser Wert wird nicht durch einen einzigen Werbeträger bestimmt, sondern ist das Resultat aus dem Einsatz aller Werbeträger.

Die Verweildauer besagt wie lange der Werbeeffekt anhält. Ein Unternehmen setzt Werbung ein um dadurch den Umsatz zu erhöhen.

Geht der Umsatz nach der Werbemaßnahme wieder teilweise oder komplett zurück spricht man von einem wear-out. Wie stark der wear-out ist hängt von mehreren Faktoren ab, wie der Gestaltung der Werbebotschaft, der Häufigkeit der Kampagnen und dem Werbeobjekt. Es hängt zwar auch von dem Werbeträger ab, aber nicht primär.

Generell kann man sagen, dass der wear-out der Werbewirkung bei dem Leistungsangebot von Big Mama eher gering sein wird, weil die neugewonnen Mitglieder eine langfristige Geschäftsbeziehung eingehen.

Zusammenfassend lässt sich festhalten, dass Big Mama durch den Einsatz dieses Streuplans ein gutes Gleichgewicht zwischen Zielgruppenabdeckung und Streuverlust bei einem hohen Mehrfachkontaktgewicht und geringen Kosten erzielt.

5.4 ...Die Mediadaten der verschiedenen Werbeträger

Mediadaten sind Informationen über Werbeträger (primär Printmedien).

Radiowerbung - Radio Salü

- Sendegebiet: komplettes Saarland und zum Teil angrenzende Regionen: Trier, Westpfalz, Lothringen, Luxemburg
- Tagesreichweite: 304.000, weitester Hörerkreis: 678.000
- Durchschnittsalter: 40,5 Jahre
- Marktanteil nach Hördauer: 35 %

Kinowerbung – Kino Cinestar in Saarbrücken

- Durchschnittliche Besucherzahl der Cinestarkinos pro Tag: 55.000
- Anzahl der Leinwände: 11
- Anzahl der Sitzplätze: 2.516
- (Auflage der Kinoprogrammflyer: 4.500, Erscheinungsweise: wöchentlich)
- Ausstrahlungsort: Saarbrücken

Außenwerbung – hier: Großflächenposter:

- Plakatmaß: 3,56m x 2,52m
- Rahmenmaß: 3,90m x 2,80m
- Gesamthöhe: 2,80m
- Beleuchtung: 2 Leuchtstoff – Röhren à 58 Watt
- Material: Aluminium eingefasst in pflegeleichtem Kunststoffrahmen
- Plakatwechsel: 10 tägig
- Werbeauftritt: 24 Stunden täglich

- Standpunkt: in Unternehmensnähe (B268, Lebacherstraße 159, li.Seite)

Saarbrücker Zeitung:

- Erscheinungsweise: werktäglich morgens

- Vertriebsart: Im Abonnement oder im Einzelverkauf

- Leserschaft: Reichweite absolut in Mio.: 1,39, davon 51,6 % männlich, 50,4% weiblich

- Erscheinungsort: Saarbrücken

- Technische Angaben:

  - Höhe in mm: 480

  - Breite in mm: 325

  - 1/1 Seite in mm: 3360

  - Anzeigenteil: Spaltenzahl: 7, Spaltenbreite in mm: 44

  - Textteil: Spaltenzahl: 6, Spaltenbreite in mm: 51

  - Umrechnungsfaktor: 1,167

  - Druckverfahren: Offsetdruck

  - Farben: Vierfarbskala (Europaskala)

Postwurfsendung,(hier: mit der deutschen Post)

- Maße und Gewichte:

  - Mindestmaß: 14cm lang, 9cm breit

  - Höchstmaß: 32,5cm lang, 23cm breit, 5cm dick

  - Maximalgewicht: 1000g

  - Verschiedene Formate möglich

- Postwurfsendungen entweder an alle Haushalt, an alle Haushalte mit Tagespost oder an alle Briefabholer möglich

- Einlieferung: Bis zu 5000 Sendungen werden in jeder Filiale entgegengenommen

5.5 ...Preisvergleich der verschiedenen Werbeträger

Als Kenngröße für den Preisvergleich bietet sich der Tausenderkontaktpreis (TKP) an. Er gibt an wieviel ein Unternehmen bezahlen muss um 1000 Kontakte zu generrieren.

TKP = Preis*1000/Reichweite

Diese Definition vom TKP ist aber hier für einen direkten Preisvergleich ungeeignet, weil er sich nicht an den potenziellen Kunden orientiert, keine unterschiedlichen Lesegewohnheiten der Zeitschriften und keine Überschneidungen berücksichtigt.

Radio Salü:

- Einschaltpreis in € pro Sekunde im Durchschnitt (MO-FR zw. 6 -18Uhr) = 7,12€
- Mengenrabatte möglich

Kino Cinestar Saarbrücken:

- Werbefilm: Preis pro Spielwoche = 0,38 € x Sekunden (mind. 30) x Preisgruppe (hier: 54 für Saarbrücken) x Indexwert (für Spielwoche)

  Beispiel: 0,38 € x 30 Sek. x 54 x 1,30 (Spielwoche 42-50) = 800,28€
- Mengenrabatte möglich

Außenwerbung – Großflächenposter:

- Tagespreis: 20,70€

Saarbrücker Zeitung:

- Grundpreis pro mm ; Beispiel: Textteil schwarz/weiss (MO-FR) :
  17,74€ x 20 mm (Mindesthöhe) = 354,80€

Postwurfsendung:

- Unterscheidung nach 3 Tarifgebieten: Jede Postleitzahl ist einer Tarifzone zugeordnet oder man verwendet die Umkreis – oder Ortsselektion
  Tarifzone A: Ballungszentren, Ballungsräume und Großstädte

Tarifzone B: Zwischenbereiche

Tarifzone C: Landbereiche

- Beispiel Tarifzone A:

Postwurfsendung (Preis pro 1000 Stk.) zzgl. USt. = <u>90€</u>

6 ...Jahresmarketingplan und Beschreibung der Aktionen

6.1 ...Erstellung eines Jahresmarketingplans

Da der Vorverkauf für „Big Mama" ab August 2011 läuft und die Eröffnung am 01. Oktober 2011 ist, beginnt der Jahresmarketingplan im Juli 2011. Es ist somit eine 4-wöchige Vorlaufzeit zwischen Beginn der Marketingmaßnahmen und Beginn des Vorverkaufs eingeplant. Weitere 8 Wochen liegen zwischen Beginn des Vorverkaufs und der Studioeröffnung.

1. Aktion

- Juli 2011, August 2011 : *„Big Mama – Mamma Mia!"*

2. Aktion

- September 2011, Oktober 2011, November 2011 : *„Mit Schwung in den Herbst"*

3. Aktion

- *Dezember 2011: „Weihnachtsmama"*

4. Aktion

- *Januar 2012, Februar 2012, März 2012 : „Körper fit im Winter, statt' Körperfett im Sommer"*

5. Aktion

- *April 2012, Mai 2012, Juni 2012: „Mit Frauenpower in den Sommer"*

Tab.9: Die einzelnen Marketingaktionen und deren Ziele

AKTION	ZIEL DER AKTION
1. „Big Mama – Mamma- Mia!"	Mitgliedergewinnung - Vorverkauf
2. „Mit Schwung in den Herbst"	Mitgliedergewinnung
3. „Weihnachtsmama"	Öffentlichkeitsarbeit/Promotion
4. „Körper fit im Winter, statt Körperfett im Sommer"	Kundenbindung
5. „Mit Frauenpower in den Sommer"	Mitgliedergewinnung

6.2 ...Darstellung des Jahresmarketingplans sowie der verschiedenen Marketingaktionen in Kalenderform

Tab.10: Darstellung der Marketingaktionen in Kalenderform

Juli 2011	August 2011	Sept. 2011	Okt. 2011	Nov. 2011	Dez. 2011	Jan. 2012	Febr. 2012	März 2012	April 2012	Mai 2012	Juni 2012
1 Fr	1 Mo	1 Do	1 Sa	1 Di	1 Do	1 So	1 Mi	1 Do	1 So	1 Di	1 Fr
2 Sa	2 Di	2 Fr	2 So	2 Mi	2 Fr	2 Mo	2 Do	2 Fr	2 Mo	2 Mi	2 Sa
3 So	3 Mi	3 Sa	3 Mo	3 Do	3 Sa	3 Di	3 Fr	3 Sa	3 Di	3 Do	3 So
4 Mo	4 Do	4 So	4 Di	4 Fr	4 So	4 Mi	4 Sa	4 So	4 Mi	4 Fr	4 Mo
5 Di	5 Fr	5 Mo	5 Mi	5 Sa	5 Mo	5 Do	5 So	5 Mo	5 Do	5 Sa	5 Di
6 Mi	6 Sa	6 Di	6 Do	6 So	6 Di	6 Fr	6 Mo	6 Di	6 Fr	6 So	6 Mi
7 Do	7 So	7 Mi	7 Fr	7 Mo	7 Mi	7 Sa	7 Di	7 Mi	7 Sa	7 Mo	7 Do
8 Fr	8 Mo	8 Do	8 Sa	8 Di	8 Do	8 So	8 Mi	8 Do	8 So	8 Di	8 Fr
9 Sa	9 Di	9 Fr	9 So	9 Mi	9 Fr	9 Mo	9 Do	9 Fr	9 Mo	9 Mi	9 Sa
10 So	10 Mi	10 Sa	10 Mo	10 Do	10 Sa	10 Di	10 Fr	10 Sa	10 Di	10 Do	10 So
11 Mo	11 Do	11 So	11 Di	11 Fr	11 So	11 Mi	11 Sa	11 So	11 Mi	11 Fr	11 Mo
12 Di	12 Fr	12 Mo	12 Mi	12 Sa	12 Mo	12 Do	12 So	12 Mo	12 Do	12 Sa	12 Di
13 Mi	13 Sa	13 Di	13 Do	13 So	13 Di	13 Fr	13 Mo	13 Di	13 Fr	13 So	13 Mi
14 Do	14 So	14 Mi	14 Fr	14 Mo	14 Mi	14 Sa	14 Di	14 Mi	14 Sa	14 Mo	14 Do
15 Fr	15 Mo	15 Do	15 Sa	15 Di	15 Do	15 So	15 Mi	15 Do	15 So	15 Di	15 Fr
16 Sa	16 Di	16 Fr	16 So	16 Mi	16 Fr	16 Mo	16 Do	16 Fr	16 Mo	16 Mi	16 Sa
17 So	17 Mi	17 Sa	17 Mo	17 Do	17 Sa	17 Di	17 Fr	17 Sa	17 Di	17 Do	17 So

18 Mo	18 Do	18 So	18 Di	18 Fr	18 So	18 Mi	18 Sa	18 So	18 Mi	18 Fr	18 Mo
19 Di	19 Fr	19 Mo	19 Mi	19 Sa	19 Mo	19 Do	19 So	19 Mo	19 Do	19 Sa	19 Di
20 Mi	20 Sa	20 Di	20 Do	20 So	20 Di	20 Fr	20 Mo	20 Di	20 Fr	20 So	20 Mi
21 Do	21 So	21 Mi	21 Fr	21 Mo	21 Mi	21 Sa	21 Di	21 Mi	21 Sa	21 Mo	21 Do
22 Fr	22 Mo	22 Do	22 Sa	22 Di	22 Do	22 So	22 Mi	22 Do	22 So	22 Di	22 Fr
23 Sa	23 Di	23 Fr	23 So	23 Mi	23 Fr	23 Mo	23 Do	23 Fr	23 Mo	23 Mi	23 Sa
24 So	24 Mi	24 Sa	24 Mo	24 Do	24 Sa	24 Di	24 Fr	24 Sa	24 Di	24 Do	24 So
25 Mo	25 Do	25 So	25 Di	25 Fr	25 So	25 Mi	25 Sa	25 So	25 Mi	25 Fr	25 Mo
26 Di	26 Fr	26 Mo	26 Mi	26 Sa	26 Mo	26 Do	26 So	26 Mo	26 Do	26 Sa	26 Di
27 Mi	27 Sa	27 Di	27 Do	27 So	27 Di	27 Fr	27 Mo	27 Di	27 Fr	27 So	27 Mi
28 Do	28 So	28 Mi	28 Fr	28 Mo	28 Mi	28 Sa	28 Di	28 Mi	28 Sa	28 Mo	28 Do
29 Fr	29 Mo	29 Do	29 Sa	29 Di	29 Do	29 So	29 Mi	29 Do	29 So	29 Di	29 Fr
30 Sa	30 Di	30 Fr	30 So	30 Mi	30 Fr	30 Mo		30 Fr	30 Mo	30 Mi	30 Sa
31 So	31 Mi		31 Mo		31 Sa	31 Di		31 Sa		31 Do	

Ferien Saarland 2011/2012

Feiertage Saarland 2011/2012:

Aktionen:

Do., 07.07.2011 – Radio Spot / Bekanntgabe der Service-Hotline „Big Mama – Mamma Mia!"

Sa., 16.07.2011 – Radio Spot / Bekanntgabe der Service-Hotline „Big Mama – Mamma Mia!"

So., 24.07.2011 – Radio Spot / Bekanntgabe der Service-Hotline „Big Mama – Mamma Mia!"

Sa.; 30.07.2011 – Radio Spot / Bekanntgabe der Service-Hotline „Big Mama – Mamma Mia!"

Mo., 01.08.2011 – Beginn Vorverkauf

Sa., 06.08.2011 – Posteinwurf „Big Mama – Mamma Mia!"

Sa., 20.08.2011 – Posteinwurf „Big Mama – Mamma Mia!"

Sa., 10.09.2011 – Posteinwurf „Mit Schwung in den Herbst"

Sa., 24.09.2011 – Posteinwurf „Mit Schwung in den Herbst"

Sa., 01.10. 2011 – Studioeröffnung

Sa.,03.12.2011 – „Weihnachtsmama"

Di.,06.12.2011 – „Weihnachtsmama"

Sa.,10.12.2011 – „Weihnachtsmama"

Mi.,14.12.2011 – „Weihnachtsmama"

Sa.,17.12.2011 – „Weihnachtsmama"

Do.,22.12.2011 – „Weihnachtsmama"

Januar 2012 – „Körper fit im Winter, statt' Körperfett im Sommer"

Februar 2012 – „Körper fit im Winter, statt' Körperfett im Sommer"

März 2012 – „Körper fit im Winter, statt' Körperfett im Sommer"

Mo., 16.04.2012 – So., 24.06.2012 – „Mit Frauenpower in den Sommer"

6.3 ...Werbeträgerauswahl für die geplanten Aktionen und Begründung

1. „Big Mama – Mamma Mia!"

Werbeträger = Radiowerbung „Radio Salü" (Juli), Postwurfsendung (August)

2. „Mit Schwung in den Herbst!"

Werbeträger = Postwurfsendung (September, Oktober, November)

3. „ Weihnachtsmama!"

Werbeträger = Gutscheine in Visitenkartenform (Dezember)

4. „Körper fit im Winter, statt' Körperfett im Sommer"

Werbeträger = Plakate im Studio (Januar, Februar, März)

5. „Mit Frauenpower in den Sommer"

Werbeträger = Außenwerbung (Großflächenposter) (ab April)

6.4 ...Detailerläuterung der einzelnen Marketingaktionen

„Big Mama – Mamma Mia!"

Mamma Mia kommt aus dem Italienischen und ist eine Interjektion, mit der Freude oder Überraschung ausgedrückt werden kann.

Wir nehmen dies als unser Werbeslogan, um bei der Zielgruppe Aufmerksamkeit zu erregen und unseren Vorverkauf in die Wege zu leiten. Die Zielgruppe soll dabei im Gesamten Marktgebiet 2 angesprochen werden. Daher wählen wir einen Radiospot, der im Juli 2011 im regionalen Radiosender „Radio Salü" ausgestrahlt und wie folgt lauten wird:

„Mamma Mia! Das ultimative Frauen-Fitnesscenter Big Mama öffnet seine Forten am 01. Oktober 2011 in Saarbrücken - Malstatt. Vorverkauf ab 01. August, Montag bis Freitag 09:00 bis 13:00 und 15:00 bis 19:00 Uhr in der Lebacher Straße 102 in Malstatt. Hier trainieren Frauen unter sich in entspannter Atmosphäre. Unter den ersten 50 Neumitgliedern verlost Big Mama 2 Jahre kostenfreies Fitnesstraining. Auf geht's zu Big Mama. Weitere Infos unter unserer Service-Hotline 0177/7777777 (fiktive Nummer)!" [30 Sekunden Spot].

Durch die Servicenummer geben wir den Zuhörern von Radio Salü die Gelegenheit, sich direkt an uns zu wenden, falls sie nicht genau verstanden haben worum es geht bzw. wo der Vorverkauf stattfindet. Die Zeiten der geplanten Spot-Ausstrahlung sind in der Organisationsplanung ersichtlich. Wir haben verschiedene Tage und Tageszeiten gewählt und hoffen Hausfrauen und berufstätige Damen auf diesem Wege zu erreichen.

Im August erfolgt im Marktgebiet 1 noch eine Postwurfsendung mit Hinweis auf den laufenden Vorverkauf und die Eröffnung am 01.10.2011.

„Mit Schwung in den Herbst"

Bei dieser Aktion wird ein Flyer per Postwurf im Marktgebiet 1 verteilt. Der Flyer bildet eine leicht korpulente Frau beim Waldlauf ab, die durch bereits zahlreich vorhandenes Laub joggt und sich sichtlich zu freuen scheint. Als Überschrift steht der Slogan „Mit Schwung in den Herbst..." und unter dem Bild steht „...mit Big Mama kein Problem!". Auf der Rückseite sind die Kontaktdaten, sowie eine Anfahrtsskizze des Studios zu finden. Da das Studio zu dieser Zeit noch nicht eröffnet ist, erfolgt auch der Hinweis auf die Eröffnung am 01.10.2011, zu der recht herzlich geladen wird.

„Weihnachtsmama"

Bei der Aktion „Weihnachtsmama" soll nach vorheriger Absprach mit der Marktleitung eine als Weihnachtsfrau kostümierte Führungskraft von Big Mama Fitnessgutscheine an Frauen vor dem REWE Markt in Malstatt verteilen. Der Gutschein ist in Form einer kleinen Visitenkarte kreiert und bevollmächtigt den Inhaber zu einer Woche kostenfreiem Training inklusive Begleitperson (weiblich!) im Dezember bei Big Mama. Dies soll dazu dienen, den schwachen Dezember etwas abzufangen und nach Ablauf der Probewoche die Interessentinnen als Mitglied gewinnen zu können.

„Körper fit im Winter, statt' Körperfett im Sommer"

Januar, Februar und März zählen generell in der Fitnessbranche zu den stärkeren Monaten. Deswegen wollen wir uns bei „Big Mama" in dieser Zeit auch mal den Bestandsmitgliedern widmen, um diese an uns zu binden und für positive Mund-zu-Mund-Propaganda nach außen zu sorgen. Wir starten die „Aktion Körper fit im Winter, statt Körperfett im Sommer" im Januar und lassen diese bis Ende März laufen. Es geht dabei darum, dass die 3 Mitglieder mit den meisten Check-In Zeiten innerhalb dieser drei Monate (über unser Computersystem nachvollziehbar) belohnt werden. Die Erstplatzierte Dame erhält im Anschluss an ihre laufende Mitgliedschaft ein Jahr kostenfreies Training und einen Präsentkorb. Die Zweitplatzierte erhält im Anschluss an ihre laufende Mitgliedschaft ein halbes Jahr kostenfreies Training und 3 Monate Gratisfitness für eine Bekannte, Freundin oder Familienangehörige. Diese könnten wir dann wiederum als Mitglied gewinnen. Und die Drittplatzierte erhält 3 Freimonate im Anschluss an ihre Mitgliedschaft und 1 Monat Gratisfitness für eine Bekannte, Freundin oder Familienangehörige. Wir hängen im Studio 6 große Plakate an gut sichtbaren stellen auf, die den Ablauf der Aktion erklären und die Gewinne vorab präsentieren.

„Mit Frauenpower in den Sommer"

Diese Aktion soll nach außen hin unsere Zielgruppe direkt ansprechen und ein Gefühl von Verbundenheit der Mitglieder präsentieren. Ein Großflächenposter, welches an der B268, Lebacherstraße 159, linke Seite angebracht ist, zeigt einige Damen die Mitglied im „Big Mama" sind und sich als Gruppe selbstbewusst in Trainingsklamotten und Trainingszubehör wie Kurzhanteln, Gymnastikbällen und Thera-Bändern präsentieren.

6.5 ...Organisationsplanung für die einzelnen Marketingaktionen

„Big Mama – Mamma Mia!"

Ende Juni 2011	Aufnahme des Radiospots am PC
Ende Juni 2011	Auftrag an „Radio Salü"
	(Ausstrahlung Do., 07.07.2011 ca. 07:00 Uhr / Sa.,
	16.07.2011 ca. 12:00 Uhr / So., 24.07.2011 ca. 16:00 Uhr /
	Sa., 30.07.2010 ca. 19:00 Uhr)
Fr., 22.07.2011	Ausarbeitung bzw. Gestaltung des Flyer
Mo., 25.07.2011	Auftrag an die Druckerei für den Druck der Flyer
Fr., 29.07.2011	Auftrag bzgl. Posteinwurf zu den festgelegten Daten
	(Einwurf am Sa., 06.08.2011 und Sa., 20.08.2011)

„Mit Schwung in den Herbst!"

Fr., 19.08.2011	Ausarbeitung bzw. Gestaltung des Flyers
Mo., 22.08.2011	Auftrag an die Druckerei für den Druck der Flyer
Mo., 29.08.2011	Auftrag bzgl. Posteinwurf zu den festgelegten Daten
	(Einwurf am Sa., 06.08.2011 und Sa., 20.08.2011)

„ Weihnachtsmama!"

Mo., 21.11.2011	Kontaktaufnahme mit Filialleiter des Rewe-Marktes in Malstatt bzgl. der sechs Promotion Termine im Dezember
Mo., 21.11.2011	Auftrag an die Druckerei für den Druck der Visitenkarten (Gutscheine)
Di., 22.11.2011	Bestellung eines Kostüms für die „Weihnachtsmama" im Internet

„Körper fit im Winter, statt' Körperfett im Sommer"

Fr., 09.12.2011	Ausarbeitung bzw. Gestaltung des Plakates
Mo., 12.12.2011	Auftrag an die Druckerei für die Plakate, die im Studio ausgehängt werden (Spielregeln)

Mo., 26.03.2011   Gestaltung des Großflächenposters

Fr., 30.03.2011   Auftrag an die Druckerei

Fr., 30.03.2011   Terminfestlegung für die Aufstellung bzw. Anbringung des Großflächenposters

6.6 ...Allgemeine Erläuterung des 4P- Modells und Übertragung der Aspekte „Place" und „Promotion" auf die Marketingaktionen

Allgemeine Erläuterung des 4P- Modells:

Das 4P- Modell ist eine vereinfachte Darstellung des Marketing – Mix, das durch vier Bestandteile gekennzeichnet ist, nämlich:

- der Produktionspolitik (**Product**),
- der Kontrahierungspolitik (**Price**),
- der Distributionspolitik (**Place**) und
- der Kommunikationspolitik (**Promotion**).

Der Marketing – Mix beschreibt die eingesetzte Kombination von marketingpolitischen Instrumenten, durch die ein bestimmtes Ziel zu einem bestimmten Zeitpunkt bestmöglich erreicht werden kann.

Die *Produktionspolitik* bezeichnet die Gesamtheit an Gütern und Dienstleistungen, die ein Unternehmen den Kunden auf einem Markt zur Verfügung stellt.

Zu der *Kontrahierungspolitik* gehören alle Möglichkeiten, die durch die Gestaltung des geldlichen Ausgleichs dazu beitragen einen Kaufabschluss zu Stande zu bringen.

Unter *Distributionspolitik* versteht man alle Maßnahmen eines Unternehmens, um ein Produkt vom Ort der Herstellung zum Endabnehmer zu bringen.

Die *Kommunikationspolitik* beschreibt den persönlichen und/oder auch unpersönlichen Weg eines Unternehmens, einen Kontakt zwischen Anbieter und potenziellen Abnehmer zu schaffen.

Übertragung der Aspekte „Place" und „Promotion" auf die Marketingaktionen

Überträgt man nun den Aspekt „Place" auf unsere Marketingaktionen, bedeutet dies nichts anderes, als dass sich alles im Fitnessstudio stattfinden wird. Wie schon einmal erläutert, versteht man unter place, auch Distributionspolitik genannt, alle Maßnahmen, die ein Unternehmen tätigen muss, um ein Produkt vom Hersteller zum Endverbraucher zu bringen. Die Endverbraucher, folgend hier die potenziellen Mitglieder, sollen über die verschiedenen Arten der Werbeträger ins Fitnessstudio gelotst werden. Der Aspekt „Promotion" spielt eine große Rolle in den Marketingaktionen. Hier versuchen wir mit verschiedenen Mitteln, die Nähe von Interessenten und unseren potenziellen Mitgliedern aufzubauen. Dies geschieht in der Regel meistens mit Werbeträgern, wie z.B. Zeitung, Flyern und Plakaten. Häufig sind diese mit Aufforderungsätzen wie z.B.: „Rufen Sie uns an und sichern Sie sich gleich Ihren unverbindlichen Beratungstermin." versehen, um so den Kontakt mit den Interessenten und potenziellen Mitgliedern herzustellen. Auch sind Infotage oder Veranstaltungen, wie Tag der offenen Tür, ein optimaler Weg um bei den Kunden Vertrauen, Nähe und ein positives Image aufzubauen. Ziel der Kommunikations-politik ist es, die Aufmerksamkeit von vielen Interessenten, aber auch das Interesse von Menschen zu wecken, die sich bisher mit unserem Produkt (Fitness-Wellness) noch nicht auseinander gesetzt haben. Grundsätzlich ist jeder gesunder Mensch ein potenzieller Interessent bzw. Mitglied. Desweitern versuchen wir mit gezielter Werbung unsere ausgesuchte Zielgruppe zu erreichen.

6.7 ...Allgemeine Bedeutung der Mitarbeiter für den Unternehmenserfolg und Beschreibung einer Aktion die der Mitarbeitermotivation dienen soll

Allgemeine Bedeutung der Mitarbeiter für den Unternehmenserfolg

Jeder Mitarbeiter ist maßgeblich verantwortlich für den Erfolg eines Unternehmens. In der Regel ist der Erfolg durch qualifiziertes, professionelles und freundliches Personal gekennzeichnet. Dies geschieht durch regelmäßiges geschultes Personal. Desweiteren sollte das Personal die Fähigkeit besitzen, die Mitglieder zu motivieren und ihnen die passende Lösung für ihr Problem anzubieten. Auch sollte unter den Mitarbeitern eine Sprache gesprochen werden, d.h. sie sollten alle die gleiche Argumentation und Informationen gegenüber den Kunden benutzen und heranbringen. Ein weiterer Punkt ist die Loyalität der Mitarbeiter. Das Team sollte voll und ganz hinter dem Unternehmen stehen und dies auch nach außen tragen können. Auch sollte jeder der Mitarbeiter die Unternehmensphilosophie vertreten können. Ein Unternehmen misst sich nur an dem Erfolg der Mitarbeiter. Hat ein Unternehmen schlechte Mitarbeiter, so wird es keinen Erfolg haben. Mangelt es dem Unternehmer an Führungsqualität, spiegelt sich das in Qualität, Motivation und Unternehmensidentifikation der Mitarbeiter wieder. Darum: wenn ein Unternehmen erfolgreich sein will, muss der Mitarbeiter auch erfolgreich sein. Dies kann man am besten mit Motivation erreichen, diese kann durch intrinsische oder extrinsische Weiße geschehen. Nur motivierte und begeisterte Mitarbeiter können die Motivation an den Kunden bringen und vermitteln. Wenn diese Punkte nun alle beachtet und berücksichtigt werden, kann ein Unternehmen durch sein Team professionell und positiv nach außen getragen und repräsentiert werden.

Aktion zur Mitarbeitermotivation

Um die Mitarbeitermotivation zu fördern, kann dies mit extrinsischen Reizen verstärkt werden. Selbstverständlich sollte jeder Mitarbeiter Spaß an der Arbeit haben und schon rein aus der intrinsischen Motivation genügend motiviert für seine Arbeit schöpfen können. Häufig kann aber die Motivation der Mitarbeiter verstärkt werden, indem man extrinsische Reize setzt. Dies geschieht meist über Provisionen, wenn man einen Vertrag abgeschlossen oder Beratungstermine vereinbart hat. Auch kann man monatlich einen Mitarbeiter des Monats bestimmen, der dann zusätzlich noch Gutscheine oder Sonstiges geschenkt bekommt. Diese „Belohnung" Einzelner birgt die Gefahr von Neid oder unkontrolliertem, dadurch negativem Wettbewerb unter den Mitarbeitern. Grundsätzlich sollte man darum auch über eine Gruppenbelohnung nachdenken, um „schwächere Mitarbeiter" am Gesamterfolg teilhaben zu lassen. Dies stärkt das Zusammengehörigkeitsgefühl im Unternehmen und die Identifikation mit dem Unternehmen!

7   ...Kostenplanung und Controlling

7.1 ...Kostenplanung für die Marketingaktionen

<u>„Big Mama – Mamma Mia!“</u>

Prepaid Handy	39,99€
Wunschrufnummer für Servicehotline	5€

Radio Spot

4 x Ausstrahlung je 30 Sek.

Einschaltpreis in € pro Sekunde im Durchschnitt = 7,12 €

(Wir gehen von 10,- € pro Sekunde aus , da manche Sendezeiten

teurer sind.)

10,- € x 30 Sek. = 300,- €

300,- € x 4 Ausstrahlungen   1200€

Flyer

2 x MA 1 je 3128 Haushalte = 6256 Flyer

3128 abzgl. Haushalte, die keine Werbung möchten (angenommener Wert)

Druck von 4000 Flyer erforderlich

5000 Flyer bei www.flyeralarm.com

135g Bilderdruck beidseitiger UV-Lack glänzend - DIN A6   62,47€

Posteinwurf

2 x MA 1 je 2000 Flyer

Posteinwurf 4000 Flyer

Preis pro 1000 Stück = 90,- €

4 x 90,- €   360€

<u>1667,46€</u>

<u>„Mit Schwung in den Herbst“</u>

Flyer

2 x MA 1 je 3128 Haushalte = 6256 Flyer

3128 abzgl. Haushalte, die keine

Werbung möchten (angenommener Wert)

Druck von 4000 Flyer erforderlich

5000 Flyer bei www.flyeralarm.com

135g Bilderdruck beidseitiger UV-Lack glänzend - DIN A6   62,47€

Posteinwurf

2 x MA 1 je 2000 Flyer

Posteinwurf 4000 Flyer

Preis pro 1000 Stück = 90,- €

4 x 90,- €   360€

<u>422,47€</u>

„Weihnachtsmama"

REWE Kosten

(wir gehen von 0,- € aus, wenn wir

im Gegenzug versichern dort regelmäßig unsere

Milch für den Studiobetrieb zu kaufen)   0€

Weihnachtskostüm

(geschätzter Preis)   50€

Weihnachtsfrau

an 6 Terminen jeweils 5 Stunden Promotion

(Eigenleistung)   0€

Visitenkarten/Gutscheine

300g Bilderdruck beidseitiger UV-Lack glänzend

- einzeln - einfach - 4/4 farbig: 2500 Stück   34,27€

84,27€

„Körper fit im Winter, statt' Körperfett im Sommer"

6 Plakate

werden im Studio aufgehängt

Plakate - 250g Bilderdruck glänzend

4/0 farbig - 100 cm x 140 cm

Preis pro 100 Stück = 331,71 €

Preis pro Plakat = 3,32 €

3,32 € x 6 = 19,92 €

Preis höher geschätzt, wegen geringer Stückzahl   30€

Präsentkorb bestehend aus:

Polar Pulsuhr FS1C	119,50€
Trainingshandschuhe	ca. 15€
1 Dose Eiweiß von All Stars	ca. 15€
1 Shake-Becher zum Mixen von Eiweißshake	ca. 5€

---

5 Gutscheine für je 1 Woche Gratis Training

für Freundinnen, Bekannte oder Angehörige   0€

184,50€

„Mit Frauenpower in den Sommer"

Großflächenposter

Preisliste Großflächenplakat 18/1 (8er Teilung)

50 Stck. = 3500,- €

3500,- € : 50 = 70,- € pro Stück

Preis höher geschätzt, wegen geringer Stückzahl   150€

Tagespreis für die Werbefläche = 20,70 €

70 Tage x 20,70 €   1449€

                   <u>1599€</u>

GESAMTKOSTEN: <u>3957,70€</u>

7.2 ...Abgleich der ermittelten Kosten mit dem jeweiligen Saisonbudget sowie mit dem gesamten Jahresmarketingbudget

Tab.11: Abgleich der ermittelten Kosten mit dem Saisonbudget

Saison	Planmäßig nach 4.3 (Tab.5)	Tatsächlich nach 7.1
Sommer	695,20 €	1667,46 €
Herbst	2212,- €	422,47 €
Weihnachten	189,60 €	84,27 €
Winter	2022,40 €	184,50 €
Frühling	1280,- €	1499,- €

Beim saisonalen Abgleich fällt auf, dass zu Beginn, im Sommer, das Budget um fast 1000 € überschritten wird. Da bleibt vorerst nur die Fremdfinanzierung, oder soweit möglich die Finanzierung aus eigenen Mitteln. Bei Fremdfinanzierung kann das Geld zwischen September 2011 und März 2012 zurückgezahlt werden, da das planmäßige Budget das tatsächliche übersteigt. In den Monaten April, Mai und Juni 2012 übersteigen die tatsächlichen Kosten wieder die saisonale Budget-planung. Dies ist aber nur ein geringer Betrag, der aus der Ersparnis der tatsäch-lichen Marketingkosten beglichen werden kann.

Abgleich mit dem Jahresmarketingbudget:

Wie unter Aufgabe 4.2 ersichtlich ist, liegt das errechnete Marketingbudget bei 6320,- €. Nach sorgfältiger Prüfung der Marketingkosten für die geplanten Akti-onen, belaufen sich die Gesamtkosten für alle Marketingaktionen auf 3957,70 €.

Das tatsächliche Budget liegt also 2362,30 € unter dem geplanten Budget. Diese Überdeckung dient uns als Puffer, um eventuell ungeplante Kosten abdecken zu können, oder bei Bedarf Aktionen zu verlängern. Wenn beispielsweise eine sehr positive Reaktion auf den Radio Spot spürbar ist, könnten noch zwei bis drei Spots mehr hinzugefügt werden.

8   Literaturverzeichnis

SCHLAFFKE, W.: Studienbrief Marketing I. Unveröffentliches Studienmaterial Der Deutschen Hochschule für Prävention und Gesundheitsmanagement. Saarbrücken 2010.

BUNDESAGENTUR FÜR ARBEIT: Jahresdurchschnittwerte der Arbeitslosen quote in Deutschland von 1995-2011, 2011. Online im Internet: http://de.statista.com/statistik/daten/studie/1224/umfrage/arbeitslosenquot e-in-deutschland-seit-1995/ [Stand: 02.03.2011]

BUNDESAGENTUR FÜR ARBEIT: Entwicklung der durchschnittlichen Arbeitslosenquote im Saarland von 1999 - 2010, 2011. Online im Internet: http://de.statista.com/statistik/daten/studie/2518/umfrage/entwicklung-der-arbeitslosenquote-im-saarland-seit-1999/ [Stand: 02.03.2011]

DEUBEL, A.: Nahversorgung in Saarbrücken, 2006.Oline im Intenet: http://spd.saarbruecken.de/fileadmin/upload/Wahlkampf/Nahversorgung.pdf [Stand: 02.03.2011]

SEUFERT, W.: Mediengattungen als Werbeträger: Stärken und Schwächen aus sicht lokaler und regionaler Werbetreibender, 2009. Online im Internet: http://www2.uni-jena.de/oeko/Lehrangebot/Lehrangebot_SS_09/HpS Werbung/HpS09_Werb_Ref6.pdf [Stand: 02.03.2011]

STATISTISCHES BUNDESAMT: Bevölkerung Deutschlands bis 2050, 2007. Online im Internet: http://www.bpb.de/wissen/1KNBKW [Stand: 02.03.2011]

Online im Internet: http://www.saarland.de/dokumente/thema_statistik/staa_FB300910.pdf [Stand: 20.02.2011]

Online im Internet: http://www.wunschrufnummer.de/wunschrufnummer/5euroHandynummer. Php [Stand: 02.03.2011]

Online im Internet:

http://www.druckhaus-berlin-mitte.de/grossflaechenplakat-181.html
[Stand: 02.03.2011]

Online im Internet:
http://www.geoflags.de/Haltestelle_Bahnhof_Station/Cottbuser_Platz_Saarbruec
ken_Malstatt_936240 [Stand: 02.03.2011]

Online im Internet:
http://www.stadtumbauwest.de/konzept/PW_Saarb_Deubel_Vogt.pdf
[Stand: 02.03.2011]

Online im Internet:
http://www.saarbruecken.de/assets/2009_1/1231496640_vep_2003_endbericht.pd
f [Stand: 02.03.2011]

Online im Internet:
http://www.cinestar.de/media/Mediadaten/Mediadaten.pdf [Stand: 02.03.2011]

Online im Internet: www.werbefunk-saar.de
1. http://www.werbefunk-saar.de/preisesalue2011.html
2. http://www.werbefunk-saar.de/preisetv.html
3. http://www.werbefunk-saar.de/fileadmin/pdf/Radiowerbung2011.pdf
   [Stand: 20.02.2011]

Online im Internet: www.deutschepost.de
1. http://www.deutschepost.de/dpag?tab=1&skin=hi&check=yes&lang=de_D
   E&xmlFile=link1015550_303
2. http://www.deutschepost.de//mlm.nf/dpag/images/p/postwurfsendung/pws
   _habro_vwww_100910.pdf
3. http://www.portokalkulator.de/portokalkulator/std
4. http://ps1.mailingfactory.de:8080/prospektservice_map.html
   [Stand: 20.02.2011]

Online im Internet: www.flyeralarm.de

1. http://www.flyeralarm.com/de/produkte/8324/flyer/135g-bilderdruck-
    beidseitiger-uv-lack-glaenzend/din-a6
2. http://www.flyeralarm.com/de/produkte/6327/visitenkarten/300g-
    bilderdruck-beidseitiger-uv-lack-glaenzend/einzeln/einfach/4-4-farbig
3. http://www.flyeralarm.com/de/produkte/11627/plakate-plots/plakate/250g-
    bilderdruck-glaenzend-4-0-farbig/100-cm-x-140-cm
    [Stand: 02.03.2011]

Online im Internet: www.saarbruecker-zeitung.de

1. http://www.saarbruecker-
    zeitung.de/storage/med/szsb/anzeigen/preislisten/4798_online-
    mediadaten2010.pdf
2. http://www.saarbruecker-
    zeitung.de/storage/med/szsb/anzeigen/preislisten/4779_ZRS-
    Mediadaten_2010.pdf
    [Stand: 02.03.2011]

Online im Internet: www.stroeer.de

1. http://www.stroeer.de/Regional_Standortkarte.Regionale-Standortkarte.in-
    66129-Saarbruecken.2117.0.html
2. http://www.stroeer.de/Aussenwerbung-regional.in-66129-
    Saarbruecken.aussenwerbungvorort.0.html?reload=1
3. http://www.stroeer.de/Werbetraeger.in-66129-
    Saarbruecken.werbetraeger0.0.html
4. http://www.stroeer.de/fileadmin/design/images/standortaquise/Stroeer-
    DSM_Mieteinnahmen.pdf
5. http://www.stroeer.de/shownewsbild.php?id=wt_standortfotos,gross,10041
    100,bilder.368,20135740.jpg&w=691&h=518&q=3

9 Abbildungs- und Tabellenverzeichnis

9.1 Abbildungsverzeichnis

Abb.1: Grafik zu den Streuverlusten

9.2 Tabellenverzeichnis